So wird es gemacht:

Öffne das miniLÜK®-Kontrollgerät und lege die Plättchen in den unbedruckten Deckel.
Jetzt kannst du auf den Plättchen und im Geräteboden die Zahlen 1. bis 12. sehen.

Wenn du das bei der Übungsreihe abgebildete Lösungsmuster siehst, hast du alle Aufgaben richtig gelöst.

Beispiel: Seite 2/3

Nimm das Plättchen 1. und sieh dir Aufgabe 1 auf Seite 3 an. Welches Wort gehört zum Bild 1 : der, die, oder das? Es heißt: die Schultasche. Lege Plättchen 1. auf die 11. im Kontrollgerät. Die Zahl 1 muss nach oben zeigen.

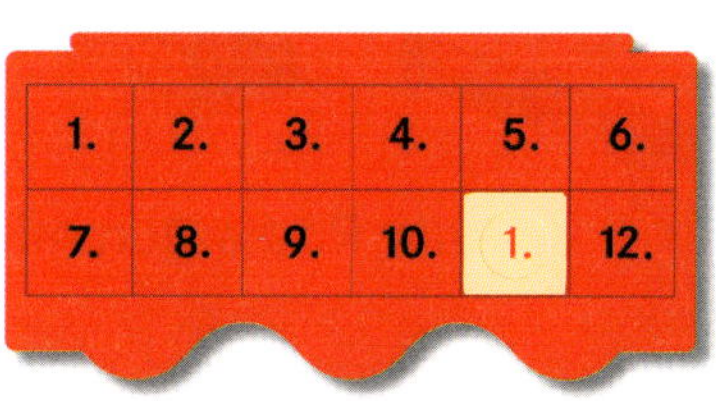

So arbeitest du weiter, bis alle Plättchen im Geräteboden liegen. Schließe dann das Gerät und drehe es um. Öffne es von der Rückseite.

Passen einige Plättchen nicht in das Muster, dann hast du dort Fehler gemacht. Drehe diese Plättchen da, wo sie liegen um und öffne es wieder. Jetzt kannst du sehen, welche Aufgaben du falsch gelöst hast. Nimm diese Plättchen heraus und suche die richtigen Ergebnisse. Kontrolliere dann noch einmal. Stimmt jetzt das Muster? Das System ist für alle Übungen gleich: Die roten Aufgabennummern im Heft entsprechen immer den miniLÜK-Plättchen aus dem Kontrollgerät. Die Feldzahlen bei den Lösungen sagen dir, auf welche Felder im Kontrollgerät die Plättchen gelegt werden.

Und nun viel Spaß!

In der Schule

(Wortschatz / der – die – das)

Wörter wie *Füller*, *Tafel*, *Heft* sind Nomen (Hauptwörter). Nomen schreibt man groß.

Nomen haben einen Artikel (Begleiter). Die Artikel sind der (der Füller), die (die Tafel) und das (das Heft). Die Artikel musst du zu jedem Nomen lernen.

Der, die oder das?

1
der 4 die 11 das 1

2
der 7 die 9 das 12

3
der 2 die 6 das 10
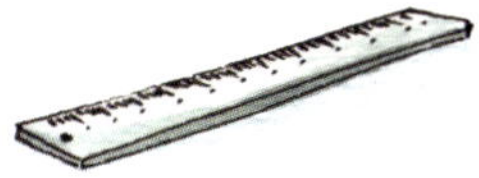

4
der 8 die 12 das 5

5
der 4 die 1 das 3
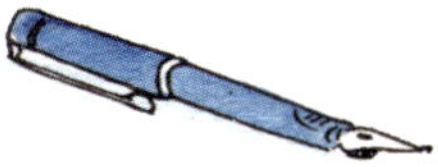

6
der 8 die 5 das 9

7
der 2 die 7 das 6

8
der 1 die 10 das 3

9
der 6 die 9 das 12

10
der 10 die 5 das 7

11
der 3 die 8 das 4

12
der 2 die 6 das 11

Die Familie

(Genitiv mit s)

der Vater

der Bruder

das Baby

die Mutter

die Schwester

die Oma

der Opa

Lian sagt: „Meine Mutter ist klein.“
Du sagst: „Lians Mutter ist klein.“

Wer ist das?

1 Das ist Bens Oma.
2 Das ist Erols Bruder.
3 Das ist Carmens Vater.
4 Das ist Lenas Opa.
5 Das ist Dileks Mutter.
6 Das ist Lians Schwester.

2 
9 
1 
3 
6 
5 

Richtig oder falsch?

7	Lians Mutter ist klein.	richtig	7	falsch	2
8	Carmens Bruder ist groß.	richtig	12	falsch	6
9	Dileks Oma ist alt.	richtig	4	falsch	3
10	Erols Schwester ist klein.	richtig	1	falsch	8
11	Bens Opa ist alt.	richtig	10	falsch	9
12	Carmens Schwester ist ein Baby.	richtig	11	falsch	5

Die Kleidung

(Wortschatz – Farbadjektive)

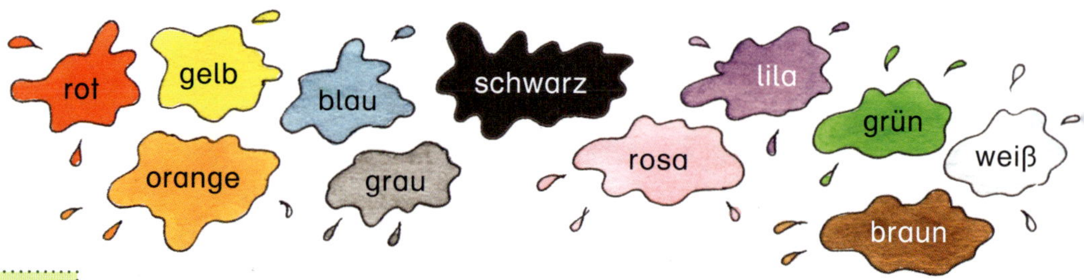

Farbwörter sind Adjektive (Wiewörter).
Mit ihnen kannst du einen Gegenstand beschreiben.

Richtig oder falsch?

1	Der Pullover ist rot.	richtig	9	falsch	4
2	Die Jacke ist schwarz.	richtig	11	falsch	5
3	Das Hemd ist weiß.	richtig	2	falsch	1
4	Die Hose ist blau.	richtig	3	falsch	10
5	Das T-Shirt ist rosa.	richtig	7	falsch	8
6	Der Rock ist grün.	richtig	6	falsch	12

Welche Farbe hat das Kleidungsstück?

7	Die Bluse ist	rot.	6	rosa.	4	weiß.	1
8	Die Jacke ist	grau.	8	braun.	11	schwarz.	3
9	Der Rock ist	grün.	1	gelb.	9	grau.	10
10	Das Hemd ist	blau.	12	lila.	5	weiß.	3
11	Der Pullover ist	orange.	2	rosa.	11	rot.	7
12	Die Jeans ist	blau.	12	schwarz.	7	gelb.	4

Was gehört dir?

(mein, dein – meine, deine)

der Füller → *mein* Füller, *dein* Füller
das Heft → *mein* Heft, *dein* Heft

die Jacke → *meine* Jacke, *deine* Jacke

Gehört das dir?

1	Ist das dein Füller, Erol?	Ja, das ist mein	3	meine	10	Füller.
2	Ist das deine Bluse, Dilek?	Ja, das ist mein	7	meine	1	Bluse.
3	Ist das dein Pullover, Carmen?	Ja, das ist mein	6	meine	11	Pullover.
4	Ist das dein Lineal, Lian?	Ja, das ist mein	4	meine	9	Lineal.
5	Ist das dein Ordner, Lena?	Ja, das ist mein	12	meine	5	Ordner.
6	Ist das deine Schultasche, Ben?	Ja, das ist mein	2	meine	8	Schultasche.

Meine Sachen

7

Das ist mein Ordner. 10
Das ist meine Schere. 3

8

Das ist mein Bleistift. 1
Das ist mein Heft. 7

9

Das ist meine Schere. 11
Das ist meine Jacke. 6

10

Das ist mein Füller. 9
Das ist mein Bleistift. 4

11

Das ist dein Lineal. 12
Das ist dein Pullover. 5

12

Das ist meine Hose. 2
Das ist meine Jacke. 8

Bei mir Zuhause

(Nomen / er – sie – es)

Wenn du nicht immer das Nomen mit dem Artikel sagen möchtest, kannst du es mit einem Pronomen austauschen.

der Stuhl → er Der Stuhl ist blau. Er ist klein.
die Puppe → sie Die Puppe gehört Dilek. Sie gefällt mir.
das Auto → es Das Auto steht auf dem Tisch. Es ist rot.

Er, sie oder es?

1	die Lampe	er	4	sie	11	es	2
2	der Schreibtisch	er	10	sie	3	es	1
3	das Spiel	er	5	sie	7	es	8
4	der Fernseher	er	6	sie	10	es	12
5	das Poster	er	9	sie	11	es	2
6	die Gardine	er	1	sie	9	es	4

Was ist das?

7	Es ist rot.	Das Auto.	12	Das Poster.	11
8	Sie ist grün.	Die Lampe.	10	Die Pflanze.	4
9	Er ist braun.	Der Schrank.	1	Der Stuhl.	8
10	Es ist weiß.	Das Regal.	5	Das Spiel.	6
11	Sie ist bunt.	Die Lampe.	2	Die Gardine.	7
12	Er ist blau.	Der Schreibtisch.	9	Der Stuhl.	3

Im Spielzeugladen

(Akkusativ)

der, die, das sind bestimmte Artikel. Damit sagst du, dass du etwas ganz Bestimmtes meinst.

Der Teddy ist rosa.
Die Puppe gefällt mir.
Das Rennauto ist rot.

Der Artikel verändert sich, wenn das Nomen an einer anderen Stelle im Satz steht:

der Teddy → Ich sehe den Teddy.
die Puppe → Ich sehe die Puppe.
das Auto → Ich sehe das Auto.

Wer hat was?

1	Ben nimmt	die Taschenlampe.	7	den Fussball.	2
2	Carmen will	die Puppe.	10	das Buch.	4
3	Dilek holt sich	das Rennauto.	12	den Teddy.	11
4	Lian nimmt	das Puzzle.	1	den Pinsel.	8
5	Lena will	die Ritterburg.	6	die Puppenküche.	5
6	Erol nimmt	das Kartenspiel.	9	den Dinosaurier.	3

Ja oder nein?

7	Nimmt Lian den Fußball?	Ja, er nimmt den Fußball.	7
		Nein. Er nimmt den Pinsel.	2
8	Nimmt Lena die Ritterburg?	Ja, sie nimmt die Ritterburg.	10
		Nein. Sie nimmt das Springseil.	4
9	Nimmt Ben das Kartenspiel?	Ja, er nimmt das Kartenspiel.	8
		Nein. Er nimmt die Taschenlampe.	11
10	Nimmt Carmen das Buch?	Ja, sie nimmt das Buch.	1
		Nein. Sie nimmt den Teddy.	3
11	Nimmt Dilek die Puppe?	Ja, sie nimmt die Puppe.	12
		Nein. Sie nimmt das Rennauto.	5
12	Nimmt Erol den Dinosaurier?	Ja, er nimmt den Dinosaurier.	9
		Nein. Er nimmt das Puzzle.	6

Von Kopf bis Fuß

(Wortschatz)

Richtig oder falsch?

1		Das ist Carmens Bauch.	Ja	5	Nein	12
2		Das ist Erols Kopf.	Ja	9	Nein	3
3		Das ist Erols Fuß.	Ja	2	Nein	1
4		Das ist Carmens Hand.	Ja	11	Nein	6
5		Das ist Dileks Knie.	Ja	8	Nein	7
6		Das ist Carmens Zunge.	Ja	4	Nein	10

Wie heißt das Körperteil?

7	der Rücken
8	die Schulter
9	das Knie
10	der Arm
11	der Kopf
12	der Hals

Was tut weh?

(sein, seine – ihr, ihre)

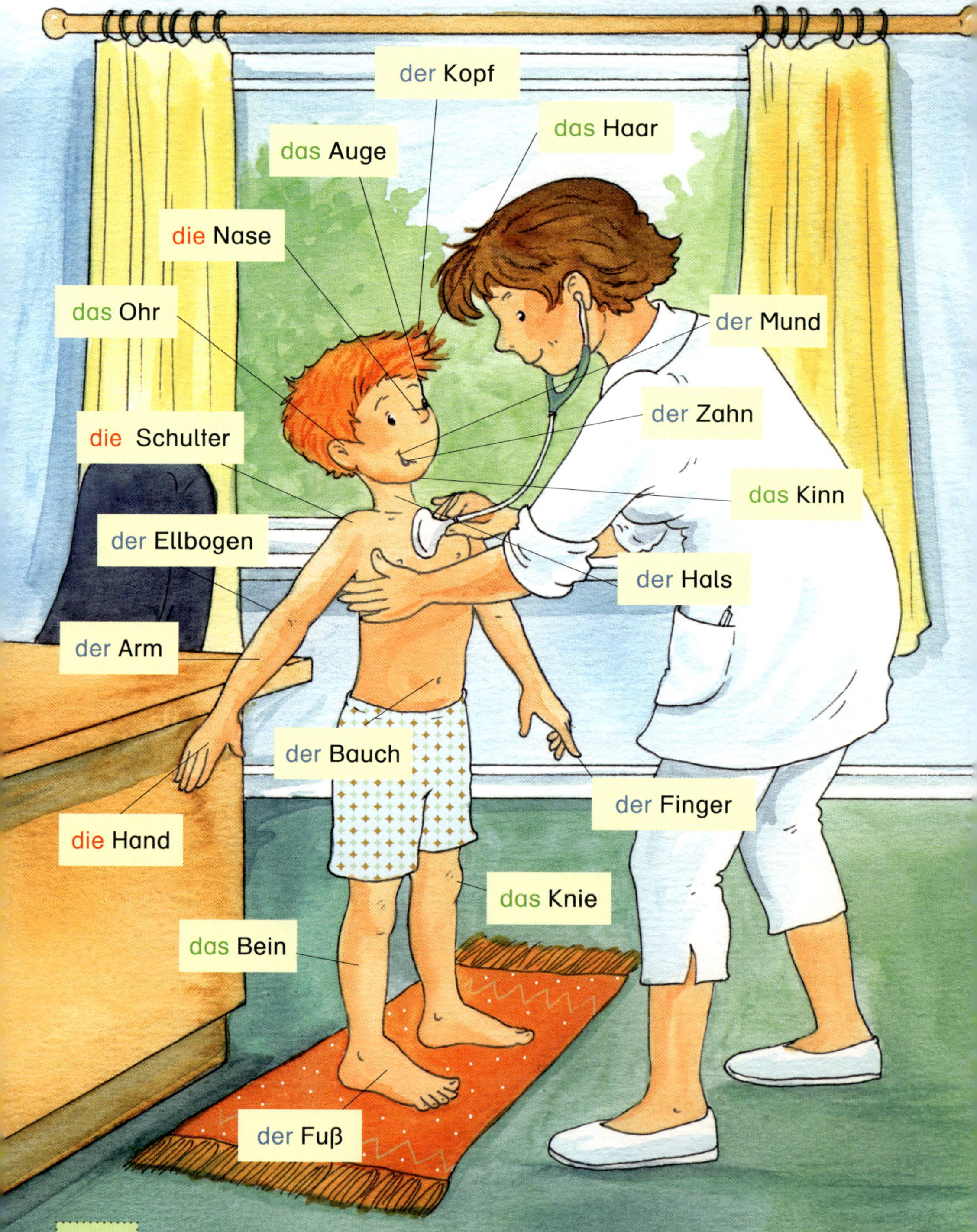

Er heißt Ben.
Sein Name ist Ben.

Sie heißt Lena
Ihr Name ist Lena.

der Arm → sein Arm, ihr Arm
die Hand → seine Hand, ihre Hand
das Bein → sein Bein, ihr Bein

Was tut Ben weh? Was tut Lena weh?

1 Was tut Ben weh?

sein 2 ihr 12

2 Was tut Lena weh?

sein 3 ihr 12

3 Was tut Lena weh?

sein 7 ihr 4

4 Was tut Ben weh?

seine 7 ihre 5

5 Was tut Ben weh?

sein 10 ihr 1

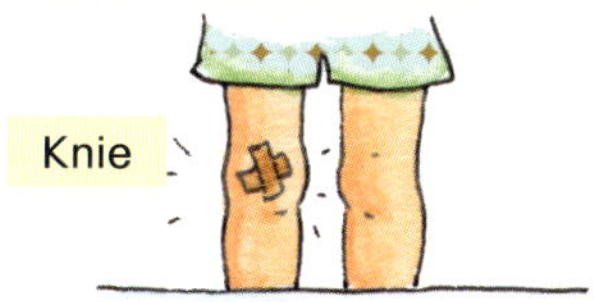

6 Was tut Ben weh?

seine 5 ihre 4

7 Was tut Lena weh?

sein 11 ihr 1

8 Was tut Lena weh?

seine 9 ihre 6

9 Was tut Ben weh?

sein 3 ihr 2

10 Was tut Lena weh?

sein 6 ihr 8

11 Was tut Lena weh?

sein 8 ihr 9

12 Was tut Ben weh?

sein 11 ihr 10

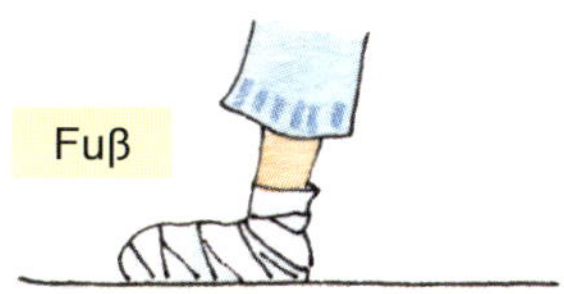

Was soll ich anziehen?

(Akkusativ – einen / eine / ein)

Ein, eine, ein sind unbestimmte Artikel.
Auch unbestimmte Artikel verändern ihre Form,
wenn sich die Stellung des Nomens im Satz verändert.

Ein Schal wärmt den Hals. → Ich brauche einen Schal.
Eine Mütze wärmt den Kopf. → Ich brauche eine Mütze.
Ein Kleid ist für ein Mädchen. → Ich brauche ein Kleid.

Was ziehst du an?

1 Ich ziehe  an.

2 Ich ziehe  an.

3 Ich ziehe  an.

4 Ich ziehe  an.

5 Ich ziehe  an.

6 Ich ziehe  an.

7 einen Schlafanzug

8 eine Hose

10 ein Kleid

11 einen Pullover

9 eine Jacke

5 ein T-Shirt

Was brauchst du?

7	Es ist Nacht. Ich brauche	10	einen Hut.	3	ein Nachthemd.
8	Es ist heiß. Ich brauche	2	eine Badehose.	8	einen Schal.
9	Es ist windig. Ich brauche	11	ein T-Shirt.	12	eine Mütze.
10	Es ist sonnig. Ich brauche	4	einen Hut.	9	einen Schlafanzug.
11	Es ist kalt. Ich brauche	5	einen Badeanzug.	6	einen Schal.
12	Es regnet. Ich brauche.	1	eine Jacke.	7	ein Kleid.

Was Kinder können

(Verben)

Wir singen.

Wir spielen.

Wir lesen.

Wir fahren Rad.

Wir schwimmen.

Wir schreiben.

Wir spielen Fußball.

Wir malen.

Wir laufen.

Wir spielen Flöte.

Wir rechnen.

Wir fahren Schi.

Mit einem Verb sagst du, wenn du etwas tust.
Verben heißen auch Tuwörter.
Verben schreibst du klein.

Welche Sätze passen zusammen?

1	Wir können schwimmen.	Ich kann Rad fahren.	10
2	Wir können Flöte spielen.	Ich kann singen.	1
3	Wir können Rad fahren.	Ich kann schwimmen.	6
4	Wir können Schi fahren.	Ich kann Flöte spielen.	8
5	Wir können lesen.	Ich kann Schi fahren.	11
6	Wir können singen.	Ich kann lesen.	4

Was kannst du?

7	Kannst du Fußball spielen?	Nein, ich kann nicht Schi fahren.	12
8	Kannst du malen?	Ja, ich kann Flöte spielen.	7
9	Kannst du singen?	Ja, ich kann rechnen.	3
10	Kannst du Schi fahren?	Nein, ich kann nicht malen.	2
11	Kannst du rechnen?	Nein, ich kann nicht singen.	9
12	Kannst du Flöte spielen?	Ja, ich kann Fußball spielen.	5

Der Stundenplan

(Wortschatz – Wochentage / Schulfächer)

Wenn du sagen möchtest,
an welchem Tag etwas stattfindet,
sagst du *am*: am Montag, am Dienstag, ...

Findest du die richtige Antwort?

1	Wann haben wir Sport?	4	Am Montag.	3	Am Mittwoch.
2	Wann haben wir Kunst?	1	Am Mittwoch.	8	Am Freitag.
3	Wann haben wir Förderunterricht?	5	Am Montag.	6	Am Donnerstag.
4	Wann haben wir Religion?	10	Am Dienstag.	3	Am Mittwoch.
5	Wann haben wir Englisch?	11	Am Mittwoch.	12	Am Freitag.
6	Wann haben wir Musik?	8	Am Freitag.	2	Am Dienstag.

Welche Schulfächer haben wir?

7 Was haben wir am Montag in der 4. Stunde?

8 Was haben wir am Freitag in der 3. Stunde?

9 Was haben wir am Mittwoch in der 5. Stunde?

10 Was haben wir am Dienstag in der 4. Stunde?

11 Was haben wir am Freitag in der 2. Stunde?

12 Was haben wir am Donnerstag in der 5. Stunde?

Haustiere

(Wortschatz – kein)

Wenn du sagen möchtest, dass du etwas NICHT hast, benutzt du eine Form von kein.

Erkennst du das Haustier?

1		Wellensittich 12		Schildkröte 6		Hamster 1	
2		Katze 6		Meerschweinchen 4		Kaninchen 3	
3		Hamster 11		Fische 7		Katze 8	
4		Kaninchen 5		Wellensittich 2		Hund 11	
5		Schildkröte 3		Katze 1		Meerschweinchen 12	
6		Hund 10		Hamster 7		Schildkröte 4	

Welches Haustier hast du?

7	Erol, hast du einen Hund?	Ja, ich habe einen Hund. Nein, ich habe keinen Hund.	5 12
8	Lena, hast du einen Wellensittich?	Ja, ich habe einen Wellensittich. Nein, ich habe keinen Wellensittich.	3 9
9	Lian, hast du ein Kaninchen?	Ja, ich habe ein Kaninchen. Nein, ich habe kein Kaninchen.	8 7
10	Ben, hast du eine Katze?	Ja, ich habe eine Katze. Nein, ich habe keine Katze.	11 6
11	Carmen, hast du Fische?	Ja, ich habe Fische. Nein, ich habe keine Fische.	1 2
12	Dilek, hast du einen Hamster?	Ja, ich habe einen Hamster. Nein, ich habe keinen Hamster.	4 10

Was machen die Haustiere?

(Verben in der 3. Person Singular)

Alle spielen.

Der	Junge spielt.	→	Er spielt.
Die	Katze spielt.	→	Sie spielt.
Das	Fussballteam.	→	Es spielt.

Was machen die Haustiere?

1		Die Katze	11 schläft.
2		Der Hund	7 hoppelt.
3		Der Fisch	9 fliegt.
4		Der Wellensittich	6 bellt.
5		Das Kaninchen	1 schwimmt.
6		Der Hamster	10 kratzt.

Welche Sätze gehören zusammen?

7	Die Katze hat Angst.	Er bellt ihn an.	8
8	Der Fisch hat Hunger.	Es hoppelt zu Lian.	4
9	Der Hund sieht einen fremden Mann.	Sie kratzt Dilek.	3
10	Das Kaninchen will spielen.	Er schläft in seinem Nest.	2
11	Der Hamster ist müde.	Er fliegt hin und her.	5
12	Der Wellensittich ist nervös.	Er schwimmt zum Futter.	12

Was gibt es zu essen?

(Wortschatz – essen)

Wir essen Brot, Käse und Joghurt.
Wir trinken Saft, Milch und Tee.

Was trinken wir? Was essen wir?

1

Wir trinken 7
Wir essen 8

2

Wir trinken 9
Wir essen 3

3

Wir trinken 5
Wir essen 12

4

Wir trinken 1
Wir essen 2

5

Wir trinken 6
Wir essen 11

6

Wir trinken 10
Wir essen 4

Was *isst* du gern? Ich *esse* gern Schokolade. Ich *esse* keine Wurst.
Was *trinkst* du gern? Ich *trinke* gern Apfelsaft. Ich *trinke* keinen Tee.

Was isst du gern?

7 

Erol isst gern Käse. 8
Erol isst keinen Käse. 7

8 

Dilek isst gern Joghurt. 9
Dilek isst keinen Joghurt. 3

9 

Lena isst gern Marmelade. 4
Lena isst keine Marmelade. 5

10 

Lian isst gern Melone. 1
Lian isst keine Melone. 2

11 

Carmen isst gern Kekse. 11
Carmen isst keine Kekse. 6

12 

Ben isst gern Butter. 12
Ben isst keine Butter. 10

Wo stehen die Lebensmittel?

(oben, unten – rechts, links)

Die Milch *steht* oben.
Die Wurst *liegt* links.

Wo steht das? Wo liegt das?

		links	in der Mitte	rechts
1	Wo steht der Joghurt?	1	3	6
2	Wo steht der Tee?	8	10	11
3	Wo liegt die Wurst?	10	9	4
4	Wo steht der Apfelsaft?	5	11	8
5	Wo liegt der Käse?	4	2	7
6	Wo steht die Marmelade?	1	6	12

Findest du die richtige Antwort?

7	Was liegt unten in der Mitte?	2	Das Brot.	3	Der Käse.
8	Was steht rechts unten?	5	Der Apfelsaft.	8	Der Kaffee.
9	Was liegt links oben?	9	Der Käse.	12	Die Wurst.
10	Was steht in der Mitte?	10	Der Honig.	7	Die Marmelade.
11	Was steht rechts?	11	Der Joghurt.	3	Der Tee.
12	Was liegt links in der Mitte?	8	Das Brot.	12	Die Wurst.

Fragen und Antworten

Du kannst schon viel Deutsch verstehen.
Finde zu jeder Frage eine passende Antwort.

1 Wie heißt du?
2 Wo wohnst du?
3 Woher kommst du?
4 Wie alt bist du?
5 Hast du Geschwister?
6 Was magst du gern essen?
7 Welches ist deine Lieblingsfarbe?
8 Hast du ein Haustier?
9 Kannst du schwimmen?
10 Magst du Bananen?
11 Was trinkst du gern?
12 Hast du eine Schultasche?

1 Ich habe einen Bruder und zwei Schwestern.

8 Ich trinke gern Tee.

11 Grün.

2 Nein, ich kann nicht schwimmen, aber ich kann Rad fahren.

4 Nein, ich habe kein Haustier.

7 Ich komme aus Hamburg.

6 Nein, ich mag keine Bananen.

9 Ich esse gern Pizza.

3 Ja, ich habe eine rote Schultasche.

10 Ich wohne in der Turmstraße 12.

12 Ich heiße Leon.

5 Ich bin 10 Jahre alt.

Beantworte nun die Fragen, dass die Antworten auf dich passen! Du kannst auch deinem Partner die Fragen stellen.